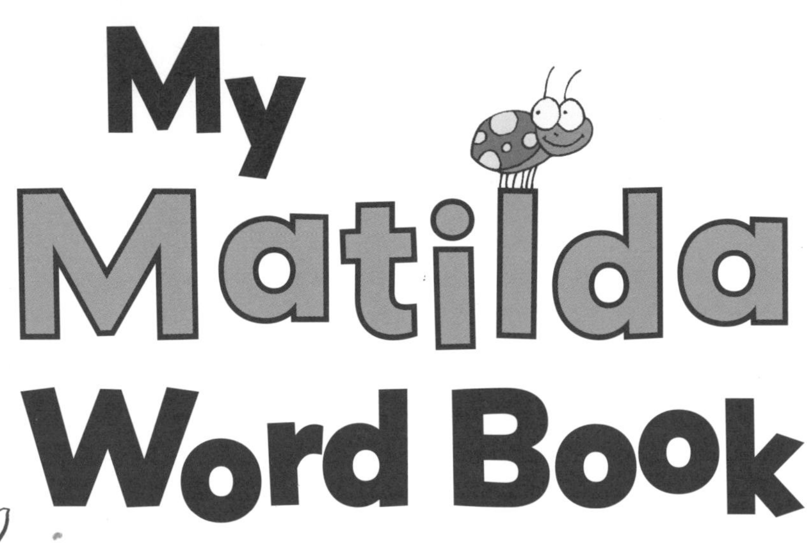

Name

Draw a picture of yourself.

A B C D E F G H I J K L M N O P Q R S T U V W X Y Z

Words I Know

A

B
C
D
E
F
G
H
I
J
K
L
M
N
O
P
Q
R
S
T
U
V
W
X
Y
Z

a A

alligator

apples adding

1 2 3 4

a	any	
Aboriginal	are	
about	as	
add	ask	
after	at	
again	aunty	
all	Australia	
an		
and		
animal		

A
B
C
D
E
F
G
H
I
J
K
L
M
N
O
P
Q
R
S
T
U
V
W
X
Y
Z

b B

bear

bouncing

bed

ball	box	
be	boy	
because	bunyip	
been	bush	
before	but	
big	buy	
billabong	by	
birthday	bye	
book		
bounce		

A
B
C
D
E
F
G
H
I
J
K
L
M
N
O
P
Q
R
S
T
U
V
W
X
Y
Z

A
B
C
D
E
F
G
H
I
J
K
L
M
N
O
P
Q
R
S
T
U
V
W
X
Y
Z

c C

cutting

cat

cake

call

came

can

can't

car

colour

come

cut

A B C D E F G H I J K L M N O P Q R S T U V W X Y Z

ch

chomping

children

chocolate

chair

chomp

A
B
C
D
E
F
G
H
I
J
K
L
M
N
O
P
Q
R
S
T
U
V
W
X
Y
Z

d D

dragon

dinosaur

dancing

dad

dance

day

desert

did

do

don't

down

draw

A
B
C
D
E
F
G
H
I
J
K
L
M
N
O
P
Q
R
S
T
U
V
W
X
Y
Z

A
B
C
D
E
F
G
H
I
J
K
L
M
N
O
P
Q
R
S
T
U
V
W
X
Y
Z

e E

elephant

echidna

exercising

eat

Elder

end

every

exercise

A B C D E F G H I J K L M N O P Q R S T U V W X Y Z

A
B
C
D
E
F
G
H
I
J
K
L
M
N
O
P
Q
R
S
T
U
V
W
X
Y
Z

f F

fairy

flying

frog

father

First Nations

fly

for

friend

from

A
B
C
D
E
F
G
H
I
J
K
L
M
N
O
P
Q
R
S
T
U
V
W
X
Y
Z

A
B
C
D
E
F
G
H
I
J
K
L
M
N
O
P
Q
R
S
T
U
V
W
X
Y
Z

g G

giraffe

gift

giving

get

give

go

going

good

got

A
B
C
D
E
F
G
H
I
J
K
L
M
N
O
P
Q
R
S
T
U
V
W
X
Y
Z

h H

horse

hopping

hat

had	house	
has	how	
have		
he		
her		
here		
him		
his		
home		
hop		

A
B
C
D
E
F
G
H
I
J
K
L
M
N
O
P
Q
R
S
T
U
V
W
X
Y
Z

A B C D E F G H **I** J K L M N O P Q R S T U V W X Y Z

i I

igloo

iguana

ice-skating

I

ice-skate

if

in

is

it

j J

jelly beans

juggling

jellyfish

jam

juggle

jump

just

A
B
C
D
E
F
G
H
I
J
K
L
M
N
O
P
Q
R
S
T
U
V
W
X
Y
Z

A B C D E F G H I J K L M N O P Q R S T U V W X Y Z

k K

keep

kind

kiss

know

A
B
C
D
E
F
G
H
I
J
K
L
M
N
O
P
Q
R
S
T
U
V
W
X
Y
Z

A
B
C
D
E
F
G
H
I
J
K
L
M
N
O
P
Q
R
S
T
U
V
W
X
Y
Z

l L

lion

lifting

lizard

lake

last

left

lift

like

little

live

look

A
B
C
D
E
F
G
H
I
J
K
L
M
N
O
P
Q
R
S
T
U
V
W
X
Y
Z

A B C D E F G H I J K L **M** N O P Q R S T U V W X Y Z

m M

monster

meeting

mum

make

me

meet

mermaid

mob

mother

my

A B C D E F G H I J K L M **N** O P Q R S T U V W X Y Z

n N

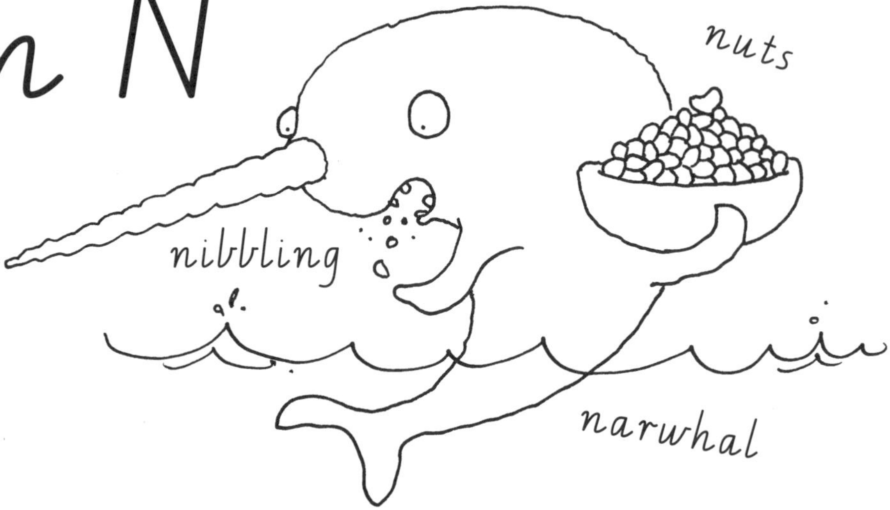

nuts

nibbling

narwhal

name

new

nibble

no

not

now

A
B
C
D
E
F
G
H
I
J
K
L
M
N
O
P
Q
R
S
T
U
V
W
X
Y
Z

A B C D E F G H I J K L M N O P Q R S T U V W X Y Z

o O

octopus

operating

owl

of

off

old

on

one

operate

or

our

out

over

A
B
C
D
E
F
G
H
I
J
K
L
M
N
O
P
Q
R
S
T
U
V
W
X
Y
Z

p P

pears

picking

pig

pick

play

please

present

A
B
C
D
E
F
G
H
I
J
K
L
M
N
O
P
Q
R
S
T
U
V
W
X
Y
Z

A B C D E F G H I J K L M N O P **Q** R S T U V W X Y Z

q Q

quick

quiet

quilt

A
B
C
D
E
F
G
H
I
J
K
L
M
N
O
P
Q
R
S
T
U
V
W
X
Y
Z

A
B
C
D
E
F
G
H
I
J
K
L
M
N
O
P
Q
R
S
T
U
V
W
X
Y
Z

r R

robot

rooster

rowing

ran

read

red

right

row

run

A
B
C
D
E
F
G
H
I
J
K
L
M
N
O
P
Q
R
S
T
U
V
W
X
Y
Z

s S

snake

sitting

sink

said

stop

saw

say

school

see

sit

sleigh

so

some

stomp

sh

she

show

A
B
C
D
E
F
G
H
I
J
K
L
M
N
O
P
Q
R
S
T
U
V
W
X
Y
Z

t T

tiger

tumbling

tutu

take

tell

ten

to

today

tumble

th

thank	these	
that	they	
the	think	
their	this	
them	those	
then		
there		

A B C D E F G H I J K L M N O P Q R S T U V W X Y Z

u U

umbrella

undoing

upside down

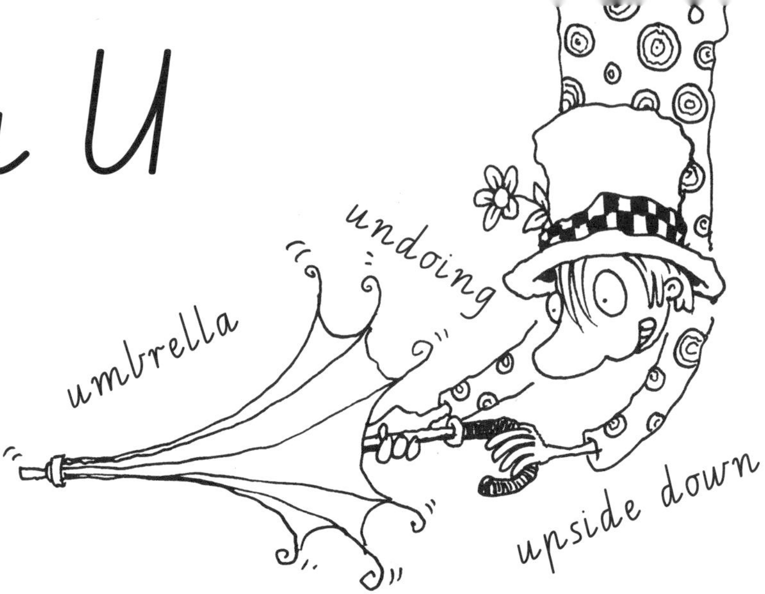

uncle

under

undo

up

us

A B C D E F G H I J K L M N O P Q R S T U V W X Y Z

A
B
C
D
E
F
G
H
I
J
K
L
M
N
O
P
Q
R
S
T
U
V
W
X
Y
Z

A
B
C
D
E
F
G
H
I
J
K
L
M
N
O
P
Q
R
S
T
U
V
W
X
Y
Z

v V

vultures

vet

visiting

vampire

van

vanish

very

visit

A
B
C
D
E
F
G
H
I
J
K
L
M
N
O
P
Q
R
S
T
U
V
W
X
Y
Z

A B C D E F G H I J K L M N O P Q R S T U V **W** X Y Z

w W

wombat

worm

walking

walk	with	
want		
warm		
was		
we		
weigh		
went		
were		
will		
wish		

A B C D E F G H I J K L M N O P Q R S T U V **W** X Y Z

wh

whistling

whale

wheelbarrow

what

when

where

whistle

who

x X

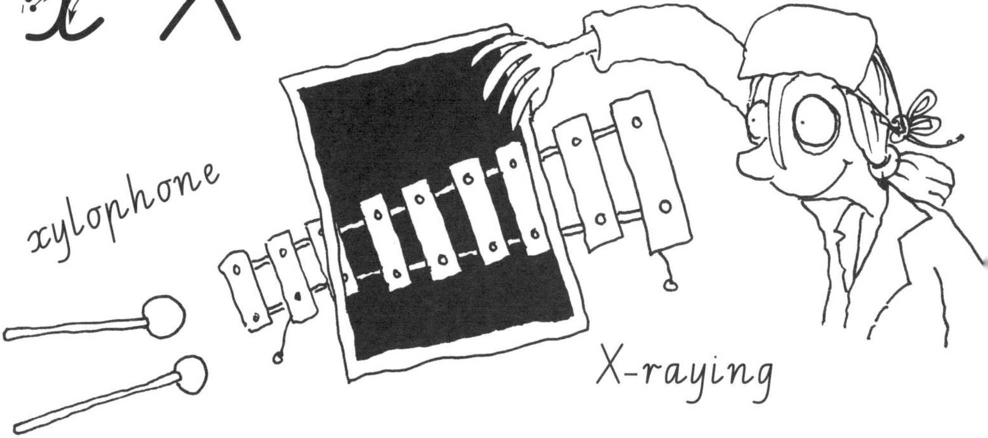

xylophone

X-raying

X-ray

y Y

yawn

yes

you

your

A
B
C
D
E
F
G
H
I
J
K
L
M
N
O
P
Q
R
S
T
U
V
W
X
Y
Z

z Z

zigzagging

zebra

zigzag

zoo

Food

apple

bread

cake

cheese

chocolate

chips

egg

hamburger

ice-cream

jelly

milk

midyim berry

noodles

pizza

strawberry

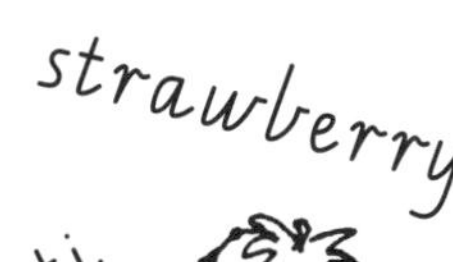

sandwich

spaghetti

Colours

brown
white
black
silver
orange
red
pink
green
yellow
gold
grey
blue
purple

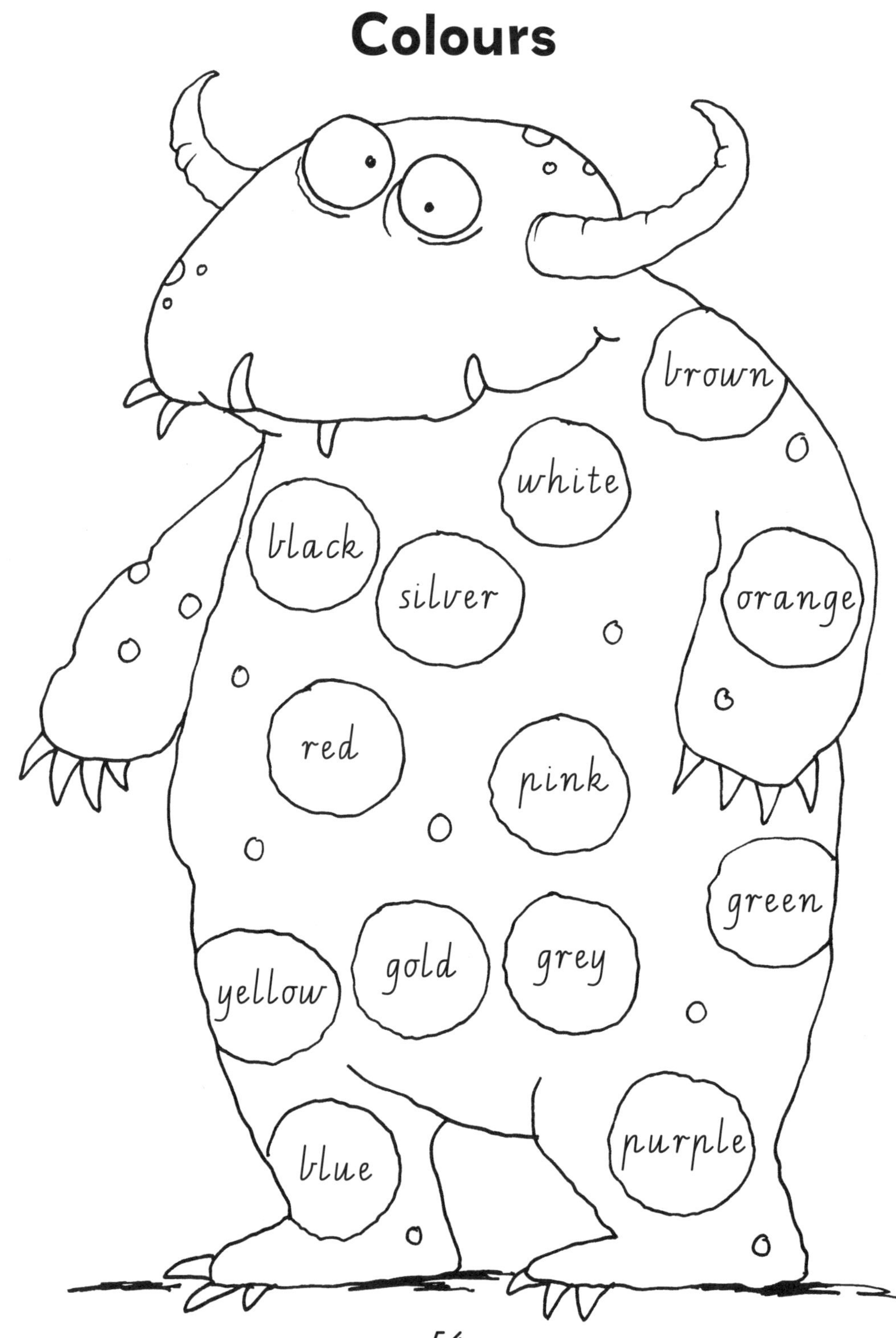

Days

Sunday Monday
Tuesday Wednesday
Thursday Friday Saturday

Sun	Mon	Tues	Wed	Thur	Fri	Sat

Months

January February March April May June July

August September October November December

Time

hour
minute
second
o'clock
half past
quarter past
quarter to

day
week
weekend
month
year

Gariwerd Seasonal Calendar

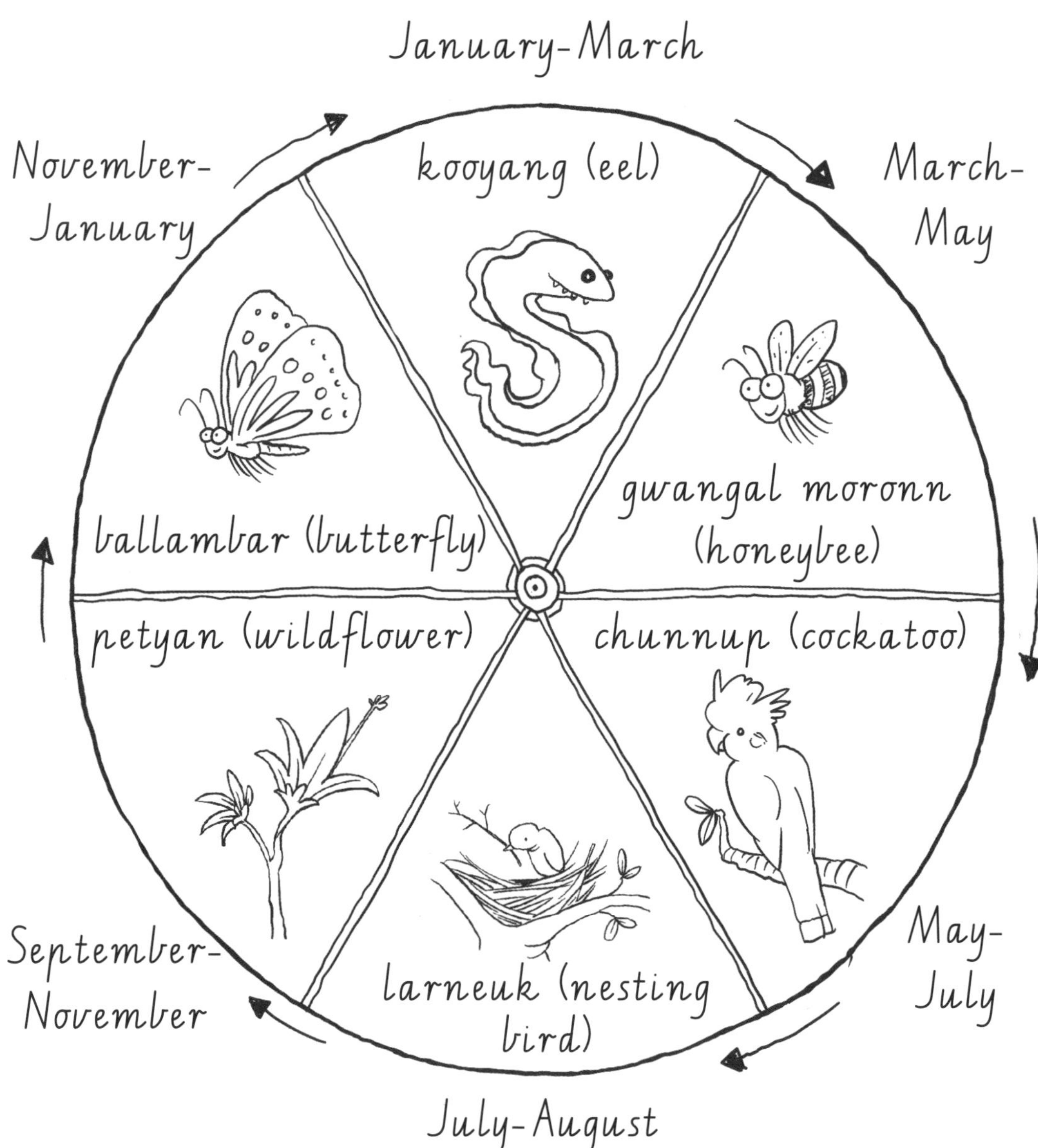

Seasons

September-November

spring

summer

December-February

winter

autumn

June-August

March-May

Weather

cloudy	humid
cold	lightning
cool	rain
cyclone	snow
dry	storm
fine	sun
fire	thunder
freezing	warm
hail	wet
hot	windy

Numbers

1	one			16	sixteen
2	two			17	seventeen
3	three			18	eighteen
4	four			19	nineteen
5	five	1st	first	20	twenty
6	six	2nd	second	30	thirty
7	seven	3rd	third	40	forty
8	eight	4th	fourth	50	fifty
9	nine	5th	fifth	60	sixty
10	ten	6th	sixth	70	seventy
11	eleven			80	eighty
12	twelve			90	ninety
13	thirteen			100	one hundred
14	fourteen			1 000	one thousand
15	fifteen			1 000 000	one million

Shapes

circle diamond hexagon octagon oval

pentagon rectangle square triangle

Parts of the Body

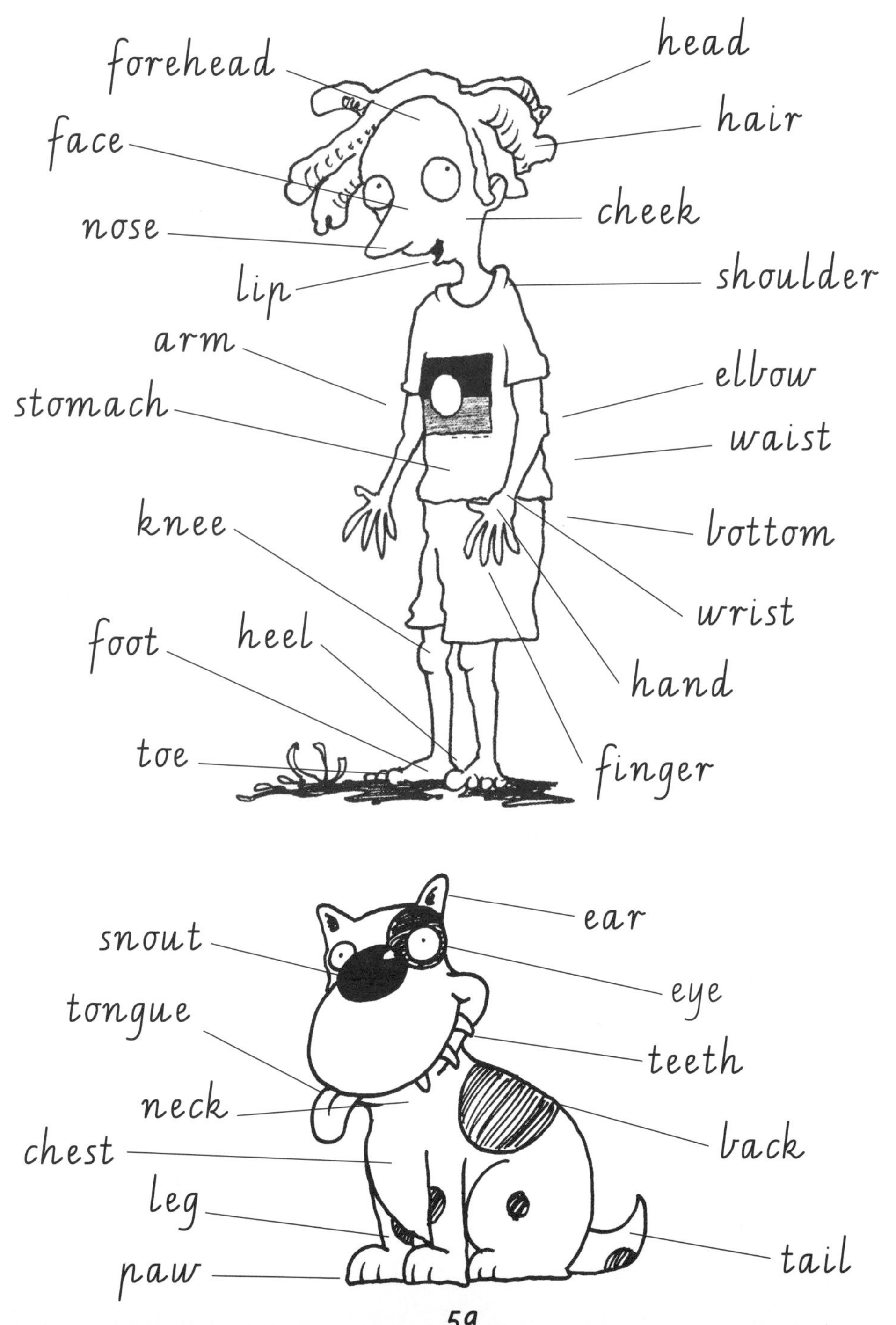

Feelings

I feel . . .

Family Words

booboop narrkwarren

(Wurundjeri Language word for 'family')

mother daughter cousin parent aunty mob

children child son uncle father

People in the Community

artist

baker

builder

dentist

doctor

Elder

farmer

firefighter

gardener

librarian

nurse

pilot

police officer

scientist

teacher

veterinarian

Farmyard Animals

bellow
cheep
moo
quack

bull 
chicken 
cow 
duck

cluck
neigh
snort
baa

hen
horse 
pig 
sheep 

Pets

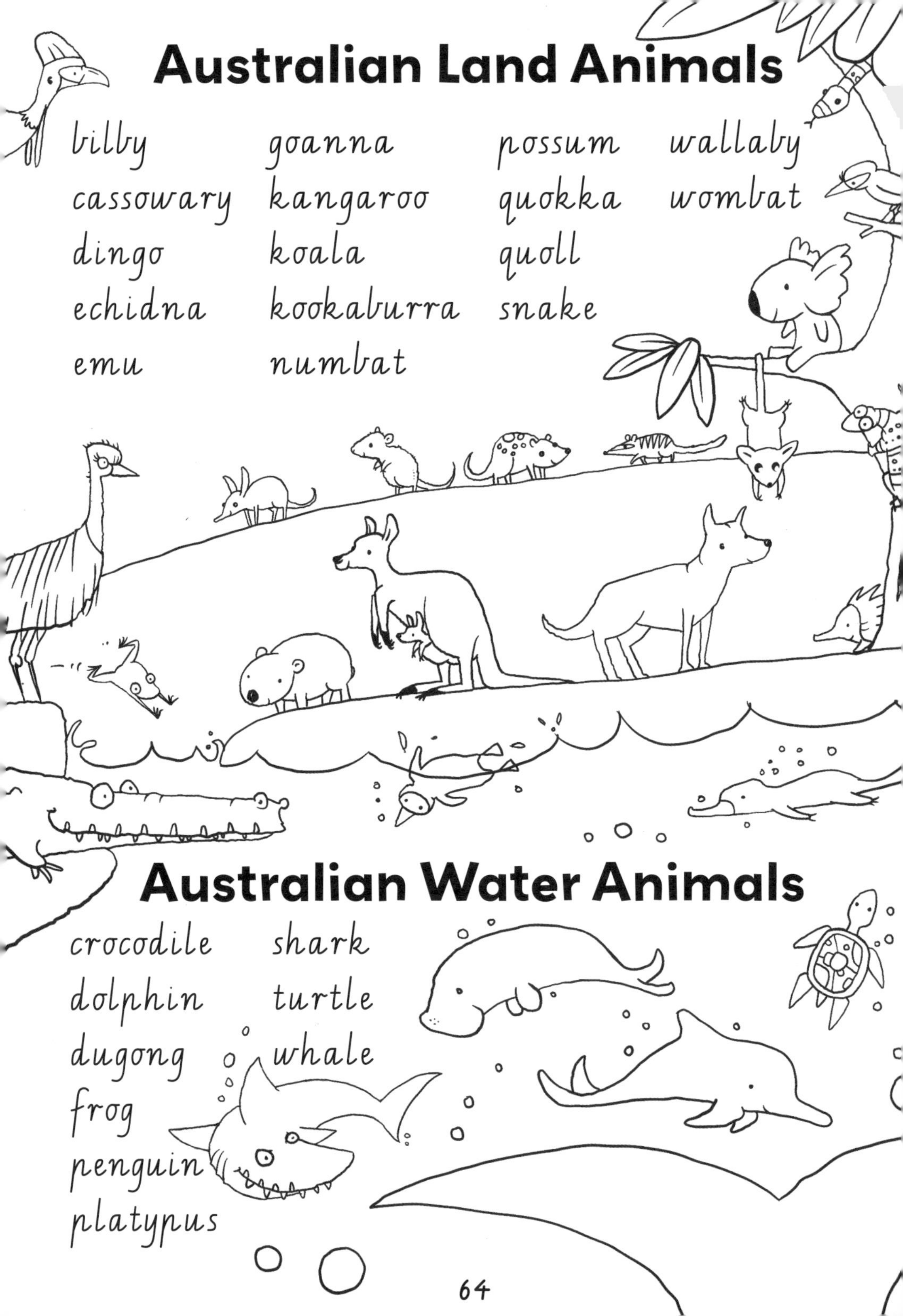

Australian Land Animals

bilby
cassowary
dingo
echidna
emu
goanna
kangaroo
koala
kookaburra
numbat
possum
quokka
quoll
snake
wallaby
wombat

Australian Water Animals

crocodile
dolphin
dugong
frog
penguin
platypus
shark
turtle
whale

Zoo Animals

ape
bear
elephant
giraffe
hippopotamus
lion
meerkat
monkey
tiger
zebra

Insects

ant
bee
beetle
butterfly
cockroach
cricket
fly
grasshopper

Places I Go

I went to the . . .

airport
aquarium
beach
city
dentist
doctor
fair
farm
forest
hospital
library
movies
museum
park
party
restaurant
river
shop
wharf
zoo

Australia

Darwin
Garramilla
Brisbane
Meanjin
Sydney
Warrang
Adelaide
Tarndanya
Perth
Boorloo
Canberra
Ngambri
Melbourne
Naarm
Hobart
Nipaluna

Australian Flags

Australian national flag

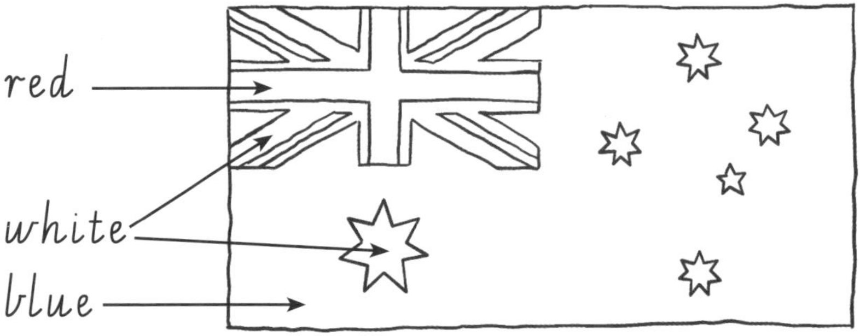

red

white

blue

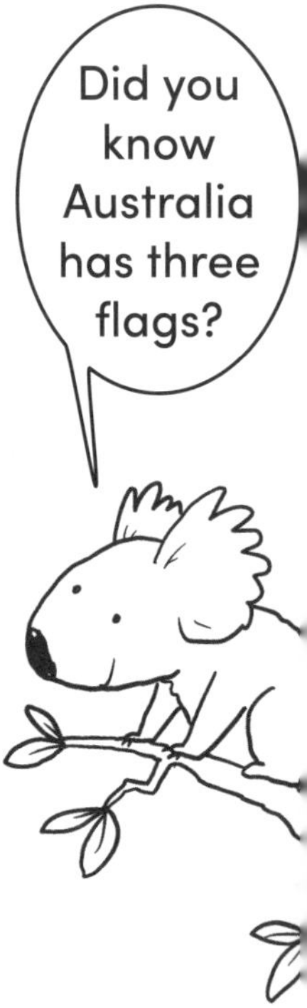

Did you know Australia has three flags?

Australian Aboriginal flag

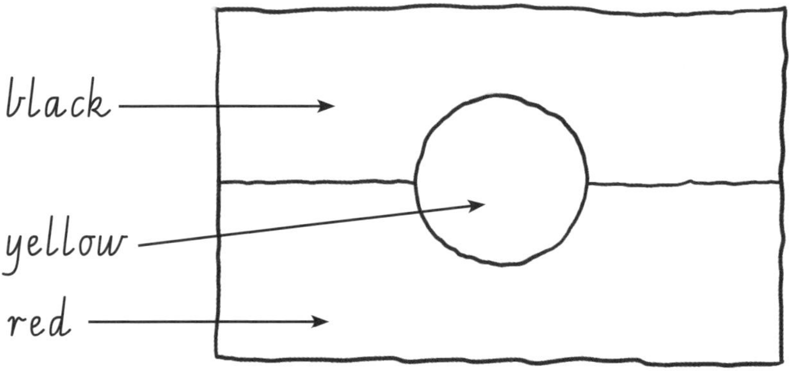

black

yellow

red

Torres Strait Islander flag

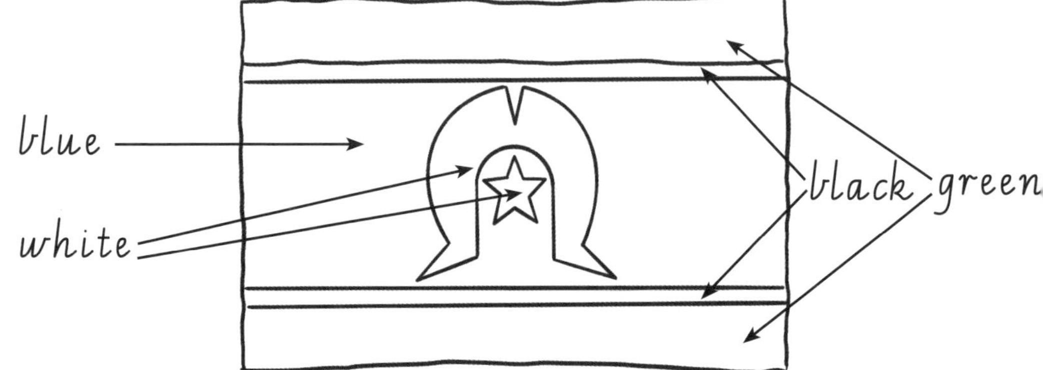